Todo sobre
los ñus
Katie
Gillespie
EYEDISCOVER

Ve a **www.eyediscover.com** e ingresa el código único de este libro.

CÓDIGO DEL LIBRO

AVR63698

EYEDISCOVER te trae libros mejorados por multimedia que apoyan el aprendizaje activo.

Published by AV2
276 5th Avenue, Suite 704 #917
New York, NY 10001
Website: www.eyediscover.com

Library of Congress Control Number: 2020951976

ISBN 978-1-7911-3553-9 (hardcover)

Printed in Guangzhou, China
1 2 3 4 5 6 7 8 9 0 25 24 23 22 21

012021
102520

English Editor: Katie Gillespie
Spanish Editor: Ana María Vidal
Designer: Mandy Christiansen
Spanish/English Translator: Translation Services USA

The publisher acknowledges Getty Images, iStock, Alamy, Shutterstock, and Dreamstime as the primary image suppliers for this title.

EYEDISCOVER proporciona contenido enriquecido, optimizado para el uso en tabletas, que complementa este libro. Los libros de EYEDISCOVER se esfuerzan por crear un aprendizaje inspirado e involucrar a las mentes jóvenes en una experiencia de aprendizaje total.

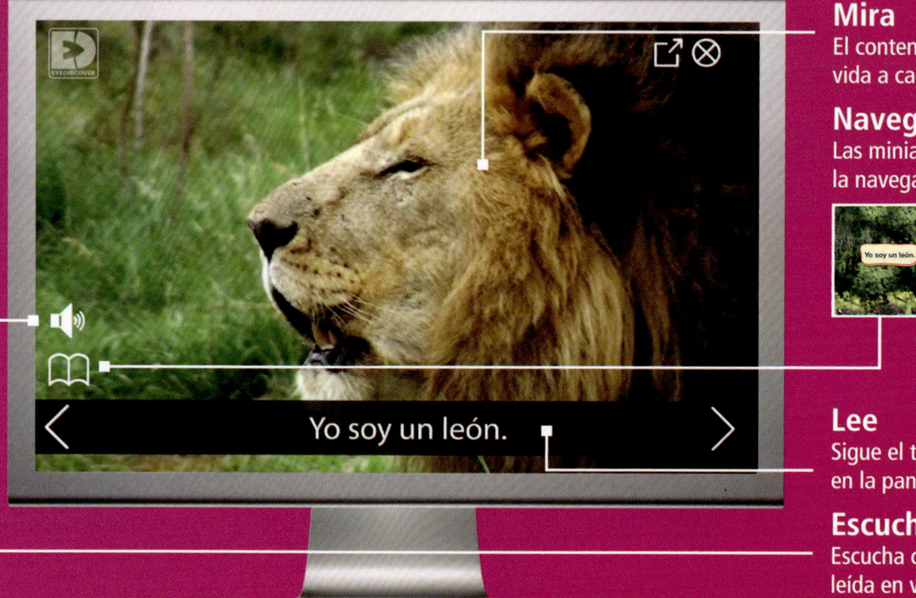

Mira
El contenido de video da vida a cada página.

Navega
Las miniaturas simplifican la navegación.

Lee
Sigue el texto en la pantalla.

Escucha
Escucha cada página leída en voz alta.

Tu EYEDISCOVER con Seguimiento de Lectura Óptico cobra vida con...

Audio
Escucha todo el libro leído en voz alta.

Video
Los videos de alta resolución convierten cada hoja en un seguimiento de lectura óptico.

OPTIMIZADO PARA

- TABLETAS
- PIZARRAS ELECTRÓNICAS
- COMPUTADORES
- ¡Y MUCHO MÁS!

Todo sobre los ñus

En este libro aprenderás

- cómo son
- dónde viven
- qué comen

¡y mucho más!

Los ñus son mamíferos con cuernos filosos.

Los ñus viven en los bosques y praderas de África.

Los ñus bebés se llaman terneros y pueden caminar a los pocos minutos de nacer.

Hay dos tipos de ñus. Son de diferente tamaño y color.

Los ñus forman parte de un grupo llamado antílopes. Los antílopes tienen pezuñas y pastan para alimentarse.

Los ñus comen plantas. Su comida favorita es el pasto.

Los ñus viven en grandes grupos llamados manadas. Así, se protegen del peligro.

Cada verano, casi 1,5 millones de ñus se trasladan juntos en busca de agua y alimento.

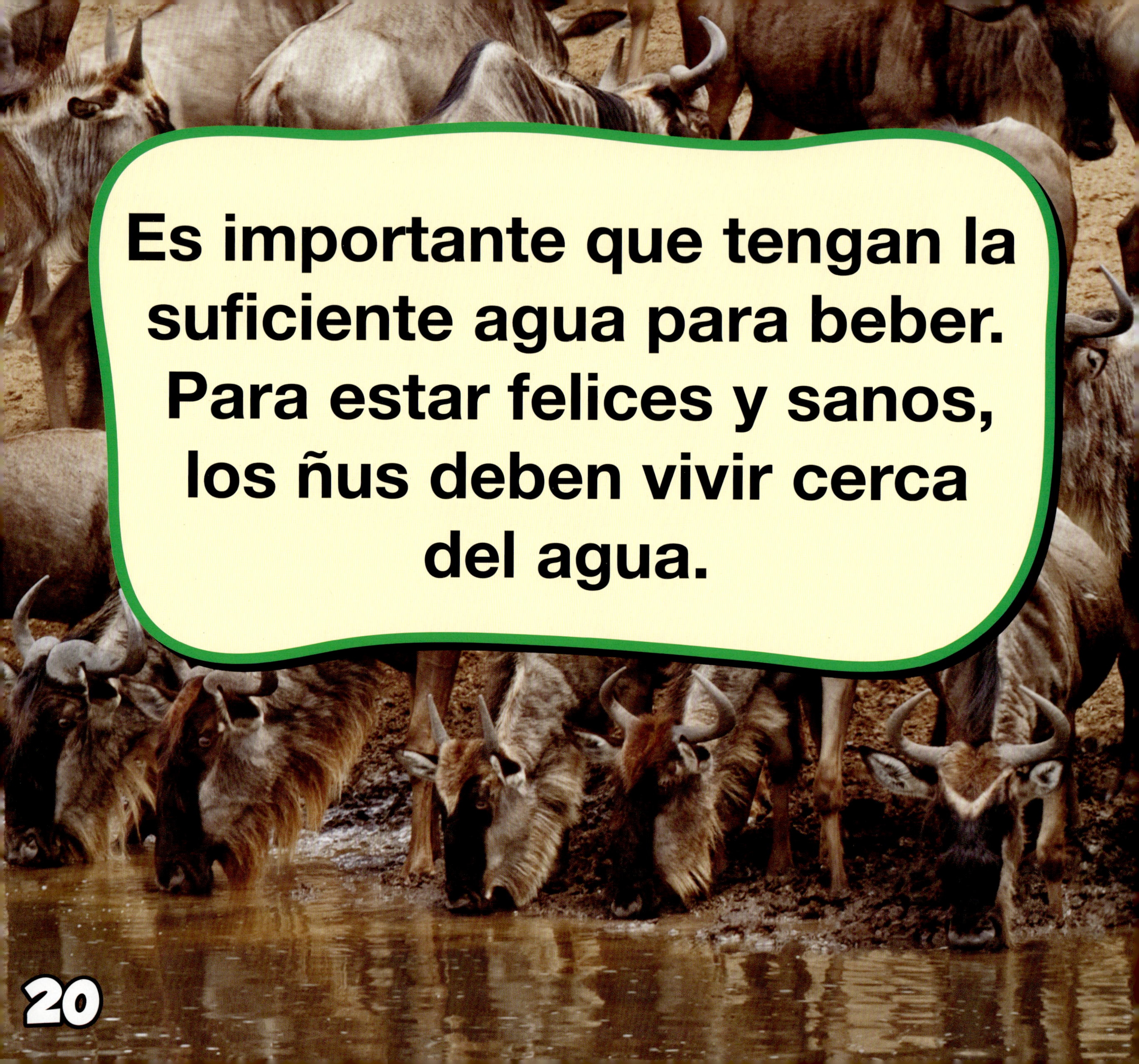

Es importante que tengan la suficiente agua para beber. Para estar felices y sanos, los ñus deben vivir cerca del agua.

Los ñus pueden llegar a **pesar 600 libras** (270 kilogramos).

Los **ñus machos** abandonan la manada al cumplir 1 año para **formar un nuevo grupo**.

Los **cuernos** del **ñu** pueden medir hasta **3 pies** (1 metro) de punta a punta.

La **migración de los ñus** es una de las **siete maravillas** del **mundo natural.**

Los ñus llegan a vivir hasta

años.

Todos los años nacen unos **500.000 terneros de ñus.**

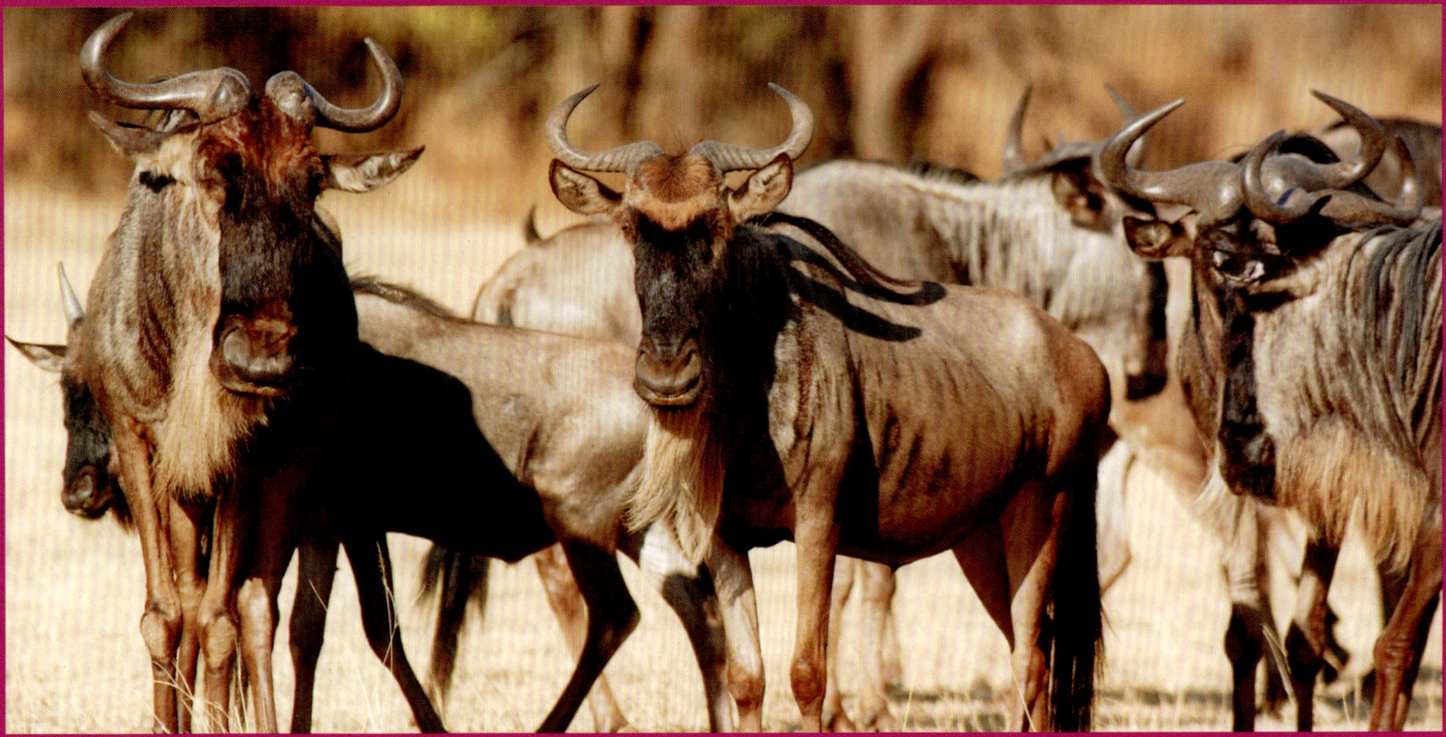

Mira
El contenido de video da vida a cada página.

Navega
Las miniaturas simplifican la navegación.

Lee
Sigue el texto en la pantalla.

Escucha
Escucha cada página leída en voz alta.

Ve a www.eyediscover.com e ingresa el código único de este libro.

CÓDIGO DEL LIBRO

AVR63698